Les secrets de la Kabbale

Invocations et méditations

Sur les sephiroths et les anges

Jean Angius

Recueil des invocations des séphiroth de l'arbre de vie et des anges.

ISBN : 9798852764997

TABLE DES MATIÈRES

Chapitre 1 : Les sephiroth   Page 1

Chapitre 2 : Dix émanations de la divinité   Page 5

Chapitre 3 : invoquer et méditer sur le tétragramme   Page 11

Chapitre 4 : invoquer et méditer sur les sephiroth   Page 27

Chapitre 5 : invoquer et méditer sur les anges   Page 61

Chapitre 6 : Quelles énergies positives désirez-vous invoquer Page 97

REMERCIEMENTS

Je tiens à remercier chaleureusement Marie-Ange Angius mon épouse ainsi que Corinne Dubois pour leur précieuse collaboration à la réalisation de ce livre. Leur expertise, leur disponibilité et leur générosité ont été essentielles pour mener à bien ce projet. Grâce à elles, j'ai pu approfondir mes connaissances, affiner mes analyses et enrichir ma réflexion. Je leur exprime toute ma gratitude et mon admiration pour leur travail remarquable.

INTRODUCTION

La Kabbale est une sagesse ancienne qui nous révèle les secrets de l'Univers et de notre propre existence. Elle nous aide à comprendre le sens de la souffrance, le rôle du libre arbitre, le pouvoir du nom divin et la promesse du Messie. Dans ce recueil, je vais m'appuyer sur les enseignements Kabbalistiques pour explorer ces thèmes.

La souffrance est une conséquence de notre éloignement de la source de toute vie, que la Kabbale appelle la Lumière. La Lumière est l'énergie positive qui nous a créés et qui nous soutient. Elle est amour, joie, paix et plénitude. Mais nous avons le choix de nous connecter à la Lumière ou de nous en détourner. Ce choix est ce qu'on appelle le libre arbitre. Le libre arbitre est un cadeau que la Lumière nous a fait pour que nous puissions être des créateurs à son image et non des êtres robotisés. Ceci implique une responsabilité : celle d'assumer les conséquences de nos actions.

Quand nous agissons en accord avec la Lumière, c'est-à-dire quand nous partageons, aimons, donnons et contribuons au bien commun, nous attirons plus de Lumière dans notre vie et dans le monde. Nous ressentons alors du bonheur, de la satisfaction et du sens. Toutefois, quand nous agissons en opposition à la Lumière, c'est-à-dire quand nous sommes égoïstes, haineux, avares et nuisibles aux autres, nous repoussons la Lumière et nous créons du chaos. Nous ressentons alors de la douleur, de la frustration et du vide.

La Kabbale nous enseigne que la souffrance n'est pas une punition divine, mais un signal d'alarme qui nous indique que nous devons changer notre comportement. La souffrance est une opportunité de croissance spirituelle, car elle nous pousse à chercher des solutions et à nous rapprocher de la Lumière. Elle nous donne des outils pour transformer la souffrance en bénédictions, comme la prière, la méditation, l'étude des textes sacrés et l'application des lois spirituelles.

L'un des outils les plus puissants que la Kabbale nous offre est le nom divin. Le nom divin n'est pas un simple mot, mais une combinaison de lettres hébraïques qui représente une force cosmique. Chaque lettre hébraïque a une valeur numérique, une forme géométrique et une signification spirituelle. En combinant les lettres selon des règles précises, on crée des formules qui activent des énergies spécifiques dans l'Univers. Le nom divin le plus connu est le tétragramme YHVH (Yod-Hé-Vav-Hé), qui symbolise l'essence même de la Lumière.

En méditant sur le nom divin, en le visualisant ou en le prononçant intérieurement, on se connecte à la source de toute vie et on attire sa protection, sa guérison et sa prospérité. Le nom divin est un pont entre le monde physique et le monde spirituel, entre le fini et l'infini, entre l'homme et Dieu. Il est le moyen par lequel on peut réaliser notre potentiel divin et accomplir notre mission sur Terre.

La mission de l'humanité est de réparer le monde (Tikoun Olam en hébreu), c'est-à-dire de restaurer l'harmonie originelle entre la Lumière et les créatures. Cette harmonie a été brisée par le péché originel, qui a entraîné la chute de l'homme dans un monde de dualité, de conflit et de souffrance. La Kabbale nous révèle que cette chute n'était pas un accident, mais un plan divin pour que l'homme puisse mériter son bonheur par son propre effort.

Le but ultime de ce plan est l'avènement du Messie, c'est-à-dire le sauveur qui apportera la paix et la justice sur Terre. Le Messie n'est pas une personne, mais un état de conscience collective, où tous les êtres humains seront unis par l'amour et la compassion. Le Messie est déjà présent en chacun de nous, mais il est voilé par notre égo. Pour le révéler, nous devons nous purifier de nos impuretés et nous aligner sur la volonté de la Lumière.

La Kabbale nous aide à comprendre le sens de la souffrance, le rôle du libre arbitre, le pouvoir du nom divin et la promesse du Messie. Elle nous invite à prendre conscience de notre origine divine et de notre destinée sublime. Elle nous guide vers une vie plus épanouie, plus harmonieuse et plus spirituelle. Elle nous ouvre les portes d'un monde nouveau, où la Lumière règne en maître.

Les sephiroth sont les dix puissances créatrices de la Kabbale, la tradition mystique du judaïsme. Ils représentent les étapes de l'émanation divine, depuis l'Ein Sof, l'infini, jusqu'au monde matériel. Chaque sephiroth est associé à un nom divin, une lettre hébraïque, un attribut, une couleur, un ange et une planète. Les sephiroth forment ensemble l'Arbre de Vie, un schéma symbolique qui illustre la relation entre Dieu, l'homme et l'univers. Dans ce recueil d'invocations et de méditations, vous découvrirez comment entrer en contact avec les énergies des sephiroth pour favoriser votre développement personnel, votre bien-être, votre recherche de la sagesse, votre confiance en soi. Vous apprendrez à harmoniser vos centres énergétiques, à équilibrer vos polarités, à purifier votre âme, à éveiller votre intuition, à renforcer votre volonté, à exprimer votre créativité, à aimer inconditionnellement, à comprendre le sens de la vie et à vous unir à la source.

Ce recueil est un guide indispensable et pratique pour tous ceux qui souhaitent explorer la richesse et la profondeur de la kabbale et de leur personnalité. Il vous offre des clés pour accéder aux mystères cachés de l'univers et de vous-même. Il vous invite à un voyage initiatique au cœur de la lumière divine.

Chapitre 1
Les sephiroth

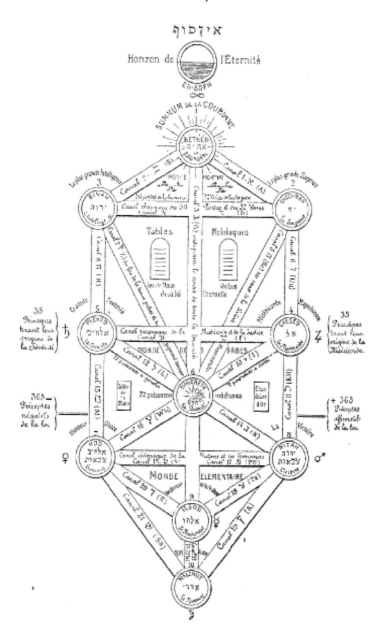

LE RECUEIL DES INVOCATIONS DES SEPHIROTH DE L'ARBRE DE VIE ET DES ANGES ASSOCIÉS.
Éveillez votre être intérieur

Pour vivre en harmonie avec les lois universelles et installer la paix en soi.

Celui qui suit le chemin des sephiroth s'élève au-dessus des limites humaines et découvre la lumière de la sagesse.

Vivez une vie sereine grâce au recueil d'invocations des sephiroth. Ce petit livre vous propose des invocations associées à des méditations puissantes et inspirantes afin de vous connecter aux énergies divines des dix sephiroth. Que vous cherchiez la sagesse, la compassion, la justice ou la beauté, vous trouverez dans ce recueil les mots justes pour invoquer les forces célestes et harmoniser votre être.

Dans ce monde tumultueux, la recherche d'un havre de paix est essentielle afin de mener une vie sereine, en accord avec une aspiration profonde. L'idéal dont je vous parle ici est d'ordre mystique ou spirituel, pour installer un équilibre intérieur stable et durable.

L'homme a oublié son essence divine et son rapport unique avec la création. En effet, le monde matérialiste actuel absorbe le mental, ainsi que toutes les énergies humaines qui sont dilapidées dans la satisfaction des désirs matériels. La soif de posséder et d'avoir est érigée en idéal de vie, qui souvent à terme, non seulement le prive de conscience élevée, mais le maintient dans un enfermement duquel il semble ne pas pouvoir s'échapper.

Il mesure la qualité de sa vie aux biens qu'il possède. Oubliant que ces choses matérielles qu'il pense posséder le rendent esclave et soumis à l'obligation de toujours en avoir plus, que cette obsession est une prison aux barreaux dorés, dans laquelle il flambe sa vie, sa santé et sa liberté d'esprit « les kabbalistes disent que ces personnes mangent le pain de la honte ». C'est ainsi que cet homme perd tous les repères de la véritable vie, repères qui sont la connaissance quant à la raison de son existence et de son âme.

Il est absurde de penser que la vie est un sac dans lequel on accumule des biens matériels, obstruant toutes possibilités d'accéder à un monde plus proche d'une réalité toute autre, qui est celle de la voie spirituelle, nous dirions aujourd'hui la voie de l'accession à l'universalité cosmique.

L'homme est effectivement un être fait de matière, cependant, il oublie que ce corps est un véhicule pour une âme, qui elle, ne dépend pas des biens matériels.

Il existe dans nos civilisations des textes qui proposent une autre approche de la vie plus spirituelle et qui permettent de vivre une existence matérielle agréable et stable, tout en développant un esprit vers des sommets de connaissances libératrices permettant une connexion à son âme, qui elle, est toujours liée à la source première, qui disons-le, est divine.

Parmi l'ensemble des écrits sacrés que des hommes sages avertis ont laissé à l'humanité, il en existe un, c'est celui dont je vous parle dans ce petit recueil d'invocations particulières.

Je veux vous parler d'une puissance créatrice désignée sous le mot Sephiroth issue de la Kabbale.

Le mot Sephiroth désigne une puissance créatrice de laquelle se diffuse une énergie universelle. Les Sephiroth forment un « Arbre de Vie » dont la connaissance doit, dans l'absolu, concourir à rendre la vie humaine, spirituelle et matérielle, moins chaotique, plus harmonieuse.

CHAPITRE 2

DIX ÉMANATIONS DE LA DIVINITÉ SELON LA KABBALE

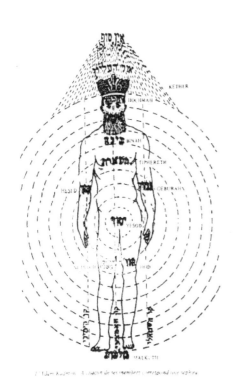

Les sephiroth sont les dix émanations de la divinité selon la Kabbale, la tradition mystique du judaïsme. Elles forment un arbre de vie qui décrit les différents niveaux de la réalité et les relations entre eux. Chaque sephirah a une couleur, une symbolique, une planète, une plante ou un arbre, un mois de l'année et d'autres attributs qui lui sont associés. Voici un résumé de chaque sephirah :

Chaque sephirah représente un aspect de Dieu et de la réalité, ainsi qu'une partie du corps humain et de l'âme. Voici un résumé des caractéristiques de chaque sephirah :

Voici le détail de chaque sephirah de l'arbre de vie kabbalistique selon les critères demandés :

1. Kethér : l'ange associé est Métatron, sa couleur est le blanc, l'arbre associé est le palmier, le mois associé est janvier et le jour associé est le dimanche. C'est la première émanation de Dieu, le principe de l'unité et de la volonté. On peut méditer sur Kethér pour se connecter à la source divine et à notre essence spirituelle.

2. Hokhmah : l'ange associé est Raziel, sa couleur est le bleu, la fleur associée est le lotus, le mois associé est février et le jour associé est le lundi. C'est la deuxième émanation de Dieu, le principe de la sagesse et de l'inspiration. On peut méditer sur Hokhmah pour développer notre intuition et notre créativité.

3. Binah : l'ange associé est Tzaphkiel, sa couleur est le noir, la plante associée est le myrte, le mois associé est mars et le jour associé est le mardi. C'est la troisième émanation de Dieu, le principe de l'intelligence et de la compréhension. On peut méditer sur Binah

pour accroître notre connaissance et notre discernement.

4. Héssed : l'ange associé est Zadkiel, sa couleur est le violet, l'arbre associé est le cèdre, le mois associé est avril et le jour associé est le mercredi. C'est la quatrième émanation de Dieu, le principe de la bonté et de la générosité. On peut méditer sur Héssed pour cultiver notre amour et notre compassion.

5. Gevurah : l'ange associé est Kamael, sa couleur est le rouge, la fleur associée est la rose, le mois associé est mai et le jour associé est le jeudi. C'est la cinquième émanation de Dieu, le principe de la rigueur et de la justice. On peut méditer sur Gevurah pour renforcer notre courage et notre équité.

6. Tiphéreth : l'ange associé est Raphaël, sa couleur est le jaune, la plante associée est le lys, le mois associé est juin et le jour associé est le vendredi. C'est la sixième émanation de Dieu, le principe de la beauté et de l'harmonie. On peut méditer sur Tiphéreth pour équilibrer nos énergies et nous aligner sur notre âme.

7. Netzah : l'ange associé est Haniel, sa couleur est le vert, l'arbre associé est l'olivier, le mois associé est juillet et le jour associé est le samedi. C'est la septième émanation de Dieu, le principe de la victoire et de l'endurance. On peut méditer sur Netzah pour stimuler notre confiance et notre persévérance.

8. Hod : l'ange associé est Mikhaël, sa couleur est l'orange, la fleur associée est l'iris, le mois associé est août et le jour associé est dimanche. C'est la huitième émanation de Dieu, le principe de la splendeur et de la communication. On peut méditer sur Hod pour améliorer notre expression et notre écoute.

9. Yesod : l'ange associé est Gabriel, sa couleur est l'indigo, la plante associée est la menthe, le mois associé est septembre et le jour associé est lundi. C'est la neuvième émanation de Dieu, le principe du fondement et de l'imagination. On peut méditer sur Yesod pour purifier notre subconscient et réaliser nos rêves.

10. Malkhuth : l'ange associé est Sandalphon, sa couleur est marron ou multicolore, la fleur associée est la marguerite ou toute fleur sauvage, le mois associé octobre ou tout autre mois selon les saisons, et le jour associé est mardi ou tout autre jour selon les cycles lunaires. C'est la dixième et dernière émanation de Dieu, le principe du royaume et de la manifestation. On peut méditer sur Malkhuth pour ancrer notre présence et apprécier notre vie.

Recueil des invocations des séphiroth de l'arbre de vie et des anges.

CHAPITRE 3
INVOQUER ET MÉDITER SUR LE TÉTRAGRAMME

Avertissement : Souvenez-vous que les invocations et les méditations sur les sephiroth sont personnelles et uniques, adaptées à vos besoins spécifiques. Revenez-y chaque fois que vous souhaitez vous connecter aux sephiroth et éveiller leurs ressources en vous.

En aucun cas vous ne pouvez ou ne devez invoquer ou méditer sur l'arbre des sephiroth pour une autre personne. C'est une démarche qui est de la responsabilité de chaque individu.

Matthieu 7:7-11 «*Demandez et vous recevrez* »

La méditation sur les sephiroth est une pratique spirituelle qui vise à se connecter aux énergies divines qui émanent de l'arbre de vie. Chaque sephirah représente un aspect de la création, de la sagesse à la royauté, en passant par la beauté et la justice. En méditant sur chaque sephirah, on peut accéder à des niveaux de conscience plus élevés, harmoniser son être intérieur et extérieur, et recevoir des guidances et des inspirations. La méditation sur les sephiroth est donc un moyen de se rapprocher de sa source, de sa vérité et de sa mission de vie.

La méditation sur les sephiroth est une pratique qui vise à se connecter aux énergies divines qui émanent de l'Être Infini, Ain Sof, le Roi des Rois béni. Les sephiroth sont les dix attributs ou manifestations de Dieu dans le monde, qui forment l'Arbre de Vie. Chaque sephirah représente un aspect de la création. En méditant sur les sephiroth, le méditant cherche à s'harmoniser avec ces forces créatrices et à les faire rayonner dans sa vie.

Préparez un lieu dans votre demeure au cœur duquel vous ne serez pas dérangé durant vos contacts avec les Sephiroth.

Ce lieu doit être réservé uniquement aux activités concernant votre développement spirituel et mystique. Il ne doit pas se situer dans un lieu commun et ne pas être accessible aux personnes non averties.

Arrangez votre oratoire privé de la manière suivante :

Placez une petite table contre un mur. De préférence lorsque vous êtes assis, vous devez faire face à l'est, cependant, si cette disposition est impossible, agencez au mieux pour vous. Sur cette table, posez un support sur lequel vous allez disposer l'arbre de vie. Avec un crayon, tracez sur la table un

triangle équilatéral, dont deux extrémités sont de part et d'autre de l'arbre de vie, légèrement en avant. Le troisième point, vers vous, de façon à ce que la pointe du triangle soit dirigée vers vous, en règle générale, vers votre plexus solaire lorsque vous êtes en position assise.

Avant de pénétrer dans ce lieu qui sera sacré pour vous, vous devez vous laver les mains, le visage et la bouche à l'eau claire. Ceci, en signe de purification de toutes les pensées et des énergies désagréables.

Toute méditation sur les sephiroth doit être précédée par une invocation et une méditation sur le tétragramme.

Précisions sur l'invocation et la méditation.

Invoquer un ange ou une Sephirah et méditer sur cette Sephirah ou sur cet ange, sont deux pratiques spirituelles qui peuvent avoir des effets différents sur votre bien-être.

Par exemple, invoquer un ange signifie demander son aide, sa protection ou sa guidance dans une situation particulière. Alors que méditer sur un ange signifie se connecter à son énergie, sa fréquence ou sa vibration pour harmoniser votre être avec la source divine.

Invoquer un ange nécessite de la foi, de la confiance et de la gratitude.

Méditer sur un ange nécessite de la concentration, de la relaxation et de l'ouverture. Les deux pratiques dans le cas présent sont complémentaires et peuvent vous apporter des bénéfices, cependant il est important de les faire avec respect, attention et discernement.

Pour méditer sur les sephiroth, il faut en tout premier lieu, se concentrer sur le nom sacré de Dieu, le Tétragramme YHVH, qui englobe toutes les sephiroth. Il faut ensuite associer mentalement chaque lettre du nom à une couleur et à une sephiroth, selon le schéma suivant :

Asseyez-vous confortablement, le dos bien droit, les pieds à plat sur le sol, les mains posées sur vos genoux, la paume droite sur la paume gauche, les pouces formant un triangle, les yeux fermés.

Prenez cinq respirations profondes avant chaque invocation.

L'appel aux ressources et aux énergies d'une lettre et d'une Sephirah se fait de la façon suivante :

- Dans un premier temps procédez à l'invocation de la lettre et de la Sephirah dont vous désirez activer les ressources et les énergies en vous.
- Dans un second temps, procédez à la méditation comme mentionné dans les textes qui suivent.

Yod : blanc, Hokhmah (sagesse)

Invocation.

Respirez profondément, en inspirant lentement par le nez et en expirant doucement par la bouche. Lisez à voix haute le texte suivant et ensuite laissez-vous porter par les émanations de la Sephirah.

Je m'adresse à toi, Yod, la première lettre du nom sacré de Dieu. Tu es le symbole de la puissance créatrice, de l'unité et de l'origine de tout. (Pause)

Tu es la couleur blanche, la lumière pure qui contient toutes les autres couleurs. Tu es la sagesse, Hokhmah, la source de l'intuition et de l'inspiration. (Pause)

Je t'invoque pour me guider dans ma méditation, pour m'élever vers ta splendeur et ta connaissance. Que ton énergie divine remplisse mon être et me connecte à ta présence. Qu'il en soit ainsi !

Méditation.

Lisez à voix haute le texte suivant et ensuite laissez-vous porter par les émanations de la Sephirah.

Je m'engage maintenant dans une méditation profonde, me connectant à la lettre "Yod" et à la Sephirah Hokhmah. Je ferme doucement les yeux et je commence par prendre quelques respirations profondes, permettant à mon corps de se détendre. (Pause)

Je suis conscient de la lettre "Yod" qui brille devant moi, émettant une lumière douce et apaisante. Cette lettre est la première de l'alphabet hébreu et symbolise la pureté, la créativité et l'intention. Elle est reliée à Hokhmah, la Sephirah de la sagesse et de l'intelligence intuitive. (Pause)

Je me permets d'entrer en résonance avec les qualités de la lettre "Yod" et de Hokhmah. Je me sens enveloppé d'une énergie subtile, porteuse de clarté et de compréhension profonde. Je me sens ouvert à recevoir des informations et des connaissances supérieures. (Pause)

Alors que je me détends davantage, je commence à ressentir une connexion profonde avec ma propre sagesse intérieure. Je reconnais que je suis un canal d'inspiration et de compréhension, capable de saisir les vérités les plus profondes de l'univers. (Pause)

Je laisse maintenant l'espace se remplir d'images, de voix, de sensations physiologiques et de toute autre forme de communication qui peut m'aider à accéder à la sagesse de la lettre "Yod" et de Hokhmah. Je suis ouvert et réceptif à toutes les informations qui se présentent à moi. (Pause)

Cette partie terminée, passez à la méditation sur la lettre Hé.

<u>Hé : rouge, Binah (intelligence)</u>

Invocation.

Respirez profondément, en inspirant lentement par le nez et en expirant doucement par la bouche. Lisez à voix haute le texte suivant et ensuite laissez-vous porter par les émanations de la Sephirah.

Je m'adresse à toi, Hé, la lettre rouge du nom divin. (Pause)

Tu es la troisième sphère de l'arbre de vie, Binah, l'intelligence suprême. Tu es la source de la sagesse et de la compréhension. Tu es la mère de toutes les créatures et de toutes les formes. Tu es la lumière qui éclaire mon esprit et mon cœur. (Pause)

Je t'invoque pour me guider dans ma méditation, pour me faire découvrir les mystères de ton essence, pour me connecter à ta puissance et à ta bonté. Hé, écoute ma voix et réponds à mon appel. Qu'il en soit ainsi !

Méditation.

Lisez à voix haute le texte suivant et ensuite laissez-vous porter par les émanations de la Sephirah.

Je m'immerge dans un océan de pensées, les eaux calmes de mon esprit s'étendent à perte de vue. Je suis Hé, la lettre qui relie les mondes, l'intermédiaire entre le ciel et la terre. Je suis la force créatrice qui émerge de Binah, la Sephirah de la compréhension et de la compréhension intuitive. (Pause)

Je me connecte à la sagesse profonde de Binah, je me sens enveloppé par son énergie apaisante. Les voiles de l'illusion se dissipent, révélant une clarté cristalline. Les connaissances anciennes se déversent en moi, des vérités intemporelles s'inscrivent dans les fibres de mon être. (Pause)

Les images surgissent de mon esprit, des visions de symboles et de formes sacrées. Des arbres majestueux s'élevant vers le ciel, enracinés dans la terre nourricière. Des étoiles scintillantes qui dansent dans l'obscurité de l'univers. Une toile tissée avec soin, représentant les liens invisibles qui unissent toute chose. (Pause)

Les voix murmurent doucement à mes oreilles, révélant des paroles de sagesse. Des mots résonnent profondément en moi, me guidant sur le chemin de la connaissance. Une symphonie céleste remplit mon être, harmonisant mes pensées et mes émotions. (Pause)

Des sensations physiologiques se manifestent dans mon corps, des picotements légers, une chaleur réconfortante. Je ressens une expansion de ma conscience, une connexion profonde avec l'univers qui m'entoure. Je suis un canal ouvert, recevant et transmettant l'énergie divine de Binah. (Pause)

Je remercie l'univers pour cette expérience sacrée et je sais que je peux revenir à tout moment pour me connecter à la puissance de Hé et de Binah, afin de poursuivre mon voyage spirituel et ma quête de compréhension profonde.

Cette partie terminée, passez à la méditation sur la lettre Vav.

Vav : vert, Tiferet (beauté)

Invocation.

Vav, tu es la connexion entre le ciel et la terre, entre l'esprit et la matière. Tu es le pont qui relie les mondes, qui harmonise les opposés. (Pause)

Tu es le vert de la nature, de la vie, de l'espérance. Tu es la beauté qui se manifeste dans la diversité, dans l'équilibre, dans l'amour. (Pause)

Je t'invoque pour m'aider à me connecter à ta lumière, à ton énergie, à ta sagesse. Que ta vibration m'apporte la paix, la joie, la gratitude. Qu'il en soit ainsi !

Méditation.

Je suis ici, au centre de mon être, connecté à ma véritable essence. Je ressens la présence de la lettre Vav, symbolisant la connexion entre le ciel et la terre, reliant les mondes supérieurs et inférieurs en moi. (Pause)

En moi, je sens la flamme de la Sephirah Tiferet briller avec éclat. C'est le lieu sacré de l'harmonie, où se rencontrent la beauté et la bonté. Je permets à cette lumière de se répandre dans toutes les parties de mon être, illuminant chaque cellule, chaque pensée et chaque émotion. (Pause)

Alors que je me connecte à la lettre Vav et à la Sephirah Tiferet, je ressens une profonde paix intérieure. Je suis en accord avec moi-même, avec les autres et avec le monde qui m'entoure. Je me sens en équilibre, en alignement avec mon véritable potentiel. (Pause)

Dans cet état de sérénité, j'ouvre mon esprit à toutes les informations qui peuvent me parvenir. Je suis réceptif aux images, aux voix et aux sensations physiologiques qui peuvent émerger de mon être intérieur. Je les accueille avec bienveillance et sans jugement. (Pause)

Prenez maintenant quelques instants pour rester dans cet état de méditation, en étant ouvert à toutes les informations qui vous sont transmises.

Lorsque vous vous sentez prêt, ramenez doucement votre attention à votre corps et à l'espace qui vous entoure. Prenez quelques respirations profondes.

Prenez maintenant votre cahier et notez toutes les informations qui vous sont parvenues pendant cette méditation. Que ce soient des images, des voix ou des sensations physiologiques, écrivez-les avec autant de détails que possible. Ces informations peuvent être des clés pour vous guider sur votre chemin de développement personnel et spirituel.

Passez à la méditation sur la lettre Hé.

Hé : noir, Malkhout (royauté)

Invocation.

Par cette invocation, je me connecte à la puissance de Hé : noir, Malkhout (royauté), la lettre qui représente la présence divine dans le monde. (Pause)

Que cette lettre m'inspire à manifester la volonté divine dans mes actions et à reconnaître la royauté de l'Éternel dans toute sa création. Qu'il en soit ainsi !

Méditation.

Je suis ici pour explorer les profondeurs de mon être, pour me connecter avec la Sephirah Malkhout, représentée par le tétragramme "Hé". Je suis ouvert à recevoir les messages et les informations qui me sont destinés. (Pause)

En prenant conscience de ma respiration, je permets à mon corps de se relaxer davantage. À chaque inspiration, je laisse entrer l'énergie positive et vitale. À chaque expiration, je libère les tensions et les pensées superflues. (Pause)

Je me visualise maintenant dans un espace sacré, un endroit où je me sens en paix et en harmonie. Je ressens la présence de Malkhout, une énergie douce et puissante qui m'entoure. (Pause)

En me connectant à cette énergie, je sens mon être intérieur s'éveiller. Je ressens une profonde connexion avec la Terre, avec tout ce qui est matériel et tangible. Je suis enraciné dans le moment présent, ancré dans ma propre existence. (Pause)

Je prends quelques instants pour écouter attentivement les messages qui émergent de ma conscience. Je laisse les images, les voix, les sensations physiologiques et les émotions circuler librement à l'intérieur de moi. (Pause)

Dans ce silence intérieur, je ressens l'appel à l'action, à manifester mes rêves et mes aspirations dans le monde matériel. Je me sens guidé et soutenu dans cette démarche par l'énergie de Malkhout. (Pause)

Je m'ouvre à recevoir les informations qui me sont destinées. (Pause)

Je remercie Malkhout pour sa présence bienveillante et pour les ressources qu'elle éveille en moi. Je sais que je peux toujours revenir à cette méditation pour me connecter à cette énergie et recevoir de nouvelles inspirations. (Pause)

Prenez un moment pour vous réajuster à votre environnement, en notant mentalement vos impressions et les informations que vous avez reçues. Revenez à cette méditation chaque fois que vous en ressentez le besoin.

Après la méditation sur le tétragramme, passez aux méditations sur les sephiroth dont vous désirez activer en vous les principes qu'elles représentent et utiliser les énergies qu'elles diffusent.

Il est préférable de choisir d'activer les énergies ainsi que les principes d'une sephirah, durant sa période (mois et jour). Par exemple pour Kethér, ce serait le mois de janvier chaque dimanche, pour Hokhmah, le mois de février chaque lundi.

Cependant, si vous désirez activer les principes et les énergies d'une sephirah dont ce n'est pas le mois où elle n'est pas le plus active, vous pouvez le faire principalement durant la journée durant laquelle elle est le plus agissante. Par exemple pour Bina, vous pouvez l'invoquer et méditer tous les mardis de chaque mois.

Si vous avez une urgence, vous pouvez bien entendu, faire appel à une sephirah même si ce n'est pas son mois et son jour les plus puissants. En principe il y a toujours une énergie favorable qui se manifeste.

Souvent après ces invocations et méditations, il est possible qu'une opportunité concernant votre demande se présente. D'autres fois ce peut être une forte intuition. Soyez attentif aux synchronicités qui pourraient se manifester.

CHAPITRE 4

INVOQUER ET MÉDITER SUR LES SÉPHIROTH

Les Sephiroth sont les dix émanations divines de la Kabbale, qui représentent les différentes facettes de l'Être suprême. Chaque Sephirah possède une signification symbolique et spirituelle, et peut être utilisée comme support de méditation. Voici des invocations puissantes à effectuer pour chaque Sephirah suivies des méditations afin d'éveiller en vous les forces de la Sephirah invoquée.

- <u>Kethér</u> : la couronne, le principe créateur, l'unité. Méditez sur votre origine divine, sur le lien qui vous unit à la source de toute chose, sur la transcendance de votre être.

Invocation

Respirez profondément, en inspirant lentement par le nez et en expirant doucement par la bouche. Lisez à voix haute le texte suivant et ensuite laissez-vous porter par les émanations de la sephirah.

Ô Kethér, couronne de la création, source de toute lumière et de toute vie, je t'invoque avec respect et humilité. (Pause)

Que ton énergie descende en moi et me guide vers la sagesse et l'harmonie. Que ta volonté soit faite et que ta force se manifeste sur la terre comme au ciel. Qu'il en soit ainsi.

Méditation

Lisez à voix haute le texte suivant et ensuite laissez-vous porter par les émanations de la Sephirah.

Je visualise une lumière blanche et brillante qui m'enveloppe complètement. Cette lumière représente la pureté et la transcendance de Kethér. Je ressens sa présence sacrée autour de moi. (Pause)

Je porte mon attention sur le sommet de ma tête, mon point de connexion avec la Sephirah Kethér. Je visualise une couronne dorée ou une étoile scintillante qui brille intensément. Cette couronne symbolise ma connexion avec la sagesse divine de Kethér. (Pause)

Je sens l'énergie de Kethér descendre doucement à travers ma couronne et se répandre dans tout mon être. Je ressens cette énergie sacrée remplir mon esprit, mon cœur et mon corps, m'offrant une clarté d'esprit, une pureté d'intention et une paix profonde. (Pause)

Je répète silencieusement dans mon esprit le nom sacré "Kethér" à chaque expiration, laissant le son résonner profondément en moi. À chaque répétition, je sens l'énergie de Kethér s'amplifier en moi, illuminant mon être de sa lumière transcendante. (Pause)

Je reste dans cet état de réceptivité et d'ouverture pendant quelques minutes, m'abandonnant complètement à l'expérience. Si des pensées ou des distractions surviennent, je les laisse simplement passer et reviens à ma respiration et à la visualisation de la couronne dorée sur ma tête. (Pause)

À la fin de la méditation, je prends quelques instants pour me recentrer et remercier la Sephirah Kethér de m'avoir guidé vers un état de conscience élevé. Je prends conscience de la présence de cette énergie divine en moi et de son potentiel pour me guider dans ma vie quotidienne. (Pause)

Je prends le temps d'intégrer les sensations et les connaissances qui ont émergé pendant cette méditation. J'ouvre les yeux, Je reprends conscience de mon environnement, je suis dans l'instant présent. (Pause)

Notez sur votre cahier les informations qui vous sont parvenues (images, voix, sensations physiologiques...) durant cette méditation.

- **<u>Chokmah</u>** : la sagesse, le père, l'énergie. Méditez sur votre capacité à agir dans le monde, sur votre intelligence et votre discernement, sur la force qui vous anime.

Invocation

Respirez profondément, en inspirant lentement par le nez et en expirant doucement par la bouche. Lisez à voix haute le texte suivant et ensuite laissez-vous porter par les émanations de la Sephirah.

J'ouvre les portes de mon être à la puissante énergie de la Sephirah Chokmah. Afin qu'elle éveille en moi la sagesse et la clarté mentale. (Pause)

Je demande à Chokmah de m'insuffler la force de discernement et la capacité de comprendre les mystères de l'univers. (Pause)

Que mon esprit s'élève vers des hauteurs insoupçonnées et que ma vision s'élargisse au-delà des limites de la compréhension humaine. Qu'il en soit ainsi. (Pause)

Méditation

Lisez à voix haute le texte suivant et ensuite laissez-vous porter par les émanations de la Sephirah.

Je suis connecté maintenant à la puissance de Chokmah, la Sephirah de la Sagesse Divine. (Pause)

Je respire profondément, permettant à chaque inspiration de remplir mon être de lumière et de force. Je sens cette lumière divine parcourir tout mon être, me connectant aux énergies de Chokmah. (Pause)

Je suis rempli de clarté mentale et d'intuition profonde. Je m'ouvre aux enseignements et aux idées inspirées qui émanent de Chokmah. La sagesse de l'univers s'écoule à travers moi, éveillant mon esprit à des perspectives nouvelles et plus vastes. (Pause)

Je suis conscient de la dualité dans l'existence et je l'accepte avec compassion et discernement. Je reconnais que la force créatrice de Chokmah me permet de transcender les limites de la pensée ordinaire et de percevoir les schémas plus profonds de l'existence. (Pause)

Je me sens aligné avec ma véritable nature spirituelle et avec l'intelligence de Chokmah qui me guide. Je suis ouvert à recevoir les visions et les révélations que Chokmah a à offrir. Je suis prêt à accueillir les idées inspirées qui émergent de cette connexion profonde. (Pause)

Je reste dans cet état d'ouverture et de réceptivité, permettant à Chokmah de continuer à m'éveiller à de nouveaux niveaux de compréhension et de conscience. Je suis reconnaissant pour cette connexion sacrée avec la Sephirah de la Sagesse Divine.

Prenez maintenant quelques instants pour rester dans cet état de méditation, en vous connectant à la puissance de Chokmah et en accueillant les informations qui vous sont transmises.

Lorsque vous vous sentez prêt, doucement, ouvrez les yeux et revenez à votre état de conscience ordinaire. Prenez un moment pour noter dans votre cahier toutes les informations qui vous sont parvenues pendant cette méditation. Cela peut inclure des images, des voix, des sensations physiologiques ou toute autre expérience que vous avez vécue. Ces informations peuvent être des signes de l'éveil des ressources de Chokmah en vous et vous aideront à intégrer les enseignements dans votre vie quotidienne.

Reposez-vous dans cette sagesse et cette connexion divine tout au long de votre parcours, en utilisant les enseignements de Chokmah pour guider vos actions et vos choix.

-**Binah** : l'intelligence, la mère, la forme. Méditez sur votre capacité à comprendre et à analyser, sur votre intuition et votre sensibilité, sur la structure qui vous organise.

Invocation

Respirez profondément, en inspirant lentement par le nez et en expirant doucement par la bouche. Lisez à voix haute le texte suivant et ensuite laissez-vous porter par les émanations de la Sephirah.

En invoquant la Sephirah Binah, je demande à recevoir la lumière de la sagesse et de l'intelligence. (Pause)

Je souhaite développer ma capacité à comprendre et à analyser les situations, à écouter mon intuition et ma sensibilité, à organiser ma vie selon une structure harmonieuse. (Pause)

Que Binah m'inspire et me guide dans mes choix et mes actions. Qu'il en soit ainsi !

Méditation

Lisez à voix haute le texte suivant et ensuite laissez-vous porter par les émanations de la Sephirah.

Je suis ici, au centre de mon être, prêt à explorer les

profondeurs de ma conscience. Je suis ouvert à l'énergie de la Sephirah Binah, la sphère de compréhension et de discernement. Je permets à cette énergie de pénétrer chaque partie de mon être, de la pointe de mes orteils au sommet de ma tête. (Pause)

Je me connecte maintenant à la sagesse infinie de Binah. Je ressens cette connexion s'établir, une lueur d'intelligence et de clarté grandissant en moi. Je suis prêt à recevoir les enseignements et les révélations qui émanent de cette source de connaissance. (Pause)

En mon for intérieur, je vois une lumière émanant de ma conscience, grandissant et se transformant en une sphère d'énergie bleue étincelante. Cette sphère m'enveloppe, me protège et me guide dans ce voyage d'exploration intérieure. (Pause)

À mesure que je plonge plus profondément dans cette sphère de Binah, je ressens une profonde tranquillité et une compréhension profonde qui s'installe en moi. Je suis en harmonie avec l'univers et je reconnais la beauté de toute création. Je me sens connecté à la sagesse intemporelle qui réside en moi. (Pause)

Dans cet état de calme et de réceptivité, je permets à Binah de me transmettre ses dons et ses connaissances. Je me sens rempli de clarté mentale et d'une capacité accrue à discerner les vérités profondes. Les réponses à mes questions se dévoilent à moi, apportant une compréhension plus profonde de moi-même et du monde qui m'entoure. (Pause)

Je reste dans cet état de réceptivité pendant quelques instants, absorbant toutes les informations et les énergies que Binah a à m'offrir. Je suis reconnaissant de cette expérience et je sais que je peux revenir à cet espace intérieur à tout moment pour me reconnecter à la sagesse de Binah. (Pause)

Lentement, je reviens à ma conscience ordinaire, en ramenant avec moi les enseignements et les sensations de cette méditation. J'ouvre les yeux et je reviens pleinement dans le moment présent.

Notez sur votre cahier les informations qui vous sont parvenues (images, voix, sensations physiologiques...) durant cette méditation.

Prenez le temps d'observer et d'explorer ces notes plus tard, car elles peuvent contenir des messages importants et des clés pour votre croissance personnelle.

- **Chesed** : la miséricorde, le grand bénéfique, l'amour. Méditez sur votre capacité à donner et à recevoir, sur votre générosité et votre compassion, sur la bienveillance qui vous guide.

Invocation

Respirez profondément, en inspirant lentement par le nez et en expirant doucement par la bouche. Lisez à voix haute le texte suivant et ensuite laissez-vous porter par les émanations de la Sephirah.

Je m'ouvre au rayonnement de Chesed qui remplit mon cœur de générosité et de compassion. (Pause)

Je donne sans attendre en retour, je reçois avec gratitude et humilité. Je suis guidé par la bienveillance envers moi-même et envers les autres. (Pause)

Je me connecte à la Sephirah Chesed, source de miséricorde et d'amour inconditionnel. Qu'il en soit ainsi !

Méditation

Lisez à voix haute le texte suivant et ensuite laissez-vous porter par les émanations de la Sephirah.

Je suis ouvert et réceptif à l'énergie de Chesed. Je suis prêt à explorer les profondeurs de cette Sephirah et à recevoir ses bénédictions. Je me permets d'entrer dans un état de relaxation profonde, laissant de côté toutes les pensées et préoccupations extérieures. (Pause)

Je me visualise maintenant au sommet d'une montagne, entouré par la majesté de la nature. Le vent caresse doucement mon visage, me rappelant la puissance et la sagesse infinie de Chesed. Je sens une chaleur réconfortante émaner de mon cœur, remplissant chaque cellule de mon être. (Pause)

En me connectant à Chesed, je ressens une profonde gratitude pour tout ce qui m'entoure. Je suis reconnaissant pour les relations harmonieuses et aimantes dans ma vie, ainsi que pour les opportunités qui se présentent à moi. Je me sens soutenu et protégé par l'abondance infinie de l'univers. (Pause)

Je permets maintenant à l'énergie de Chesed de circuler librement à travers moi. Je me sens rempli de compassion et de bienveillance envers moi-même et envers les autres. Je reconnais ma propre valeur et je libère tout jugement ou critique négative envers moi-même. (Pause)

Dans cet état d'ouverture et de réceptivité, je demande à Chesed de me guider sur mon chemin de croissance et de développement spirituel. J'écoute attentivement les messages subtils qui me sont transmis. Je suis prêt à recevoir des idées inspirantes, des intuitions profondes et des réponses à mes questions les plus pressantes. (Pause)

Je reste dans cet état de communion avec Chesed aussi longtemps que je le souhaite, me permettant d'être baigné dans cette énergie bienfaisante. Je sais que je peux revenir à ce lieu intérieur à tout moment pour me reconnecter à la Sephirah Chesed et à ses ressources infinies. (Pause)

Maintenant, doucement, je reviens à ma conscience du moment présent. J'ouvre les yeux et je prends quelques instants pour m'étirer et me réveiller pleinement. Je sais que les bénédictions de Chesed m'accompagnent dans ma vie quotidienne.

Prenez maintenant votre cahier et notez les informations qui vous sont parvenues pendant cette méditation. Que ce soit des images, des voix, des sensations physiologiques ou des intuitions, notez tout ce qui vous semble pertinent et significatif. Ces informations peuvent vous offrir des clés pour mieux comprendre les messages de Chesed et les appliquer dans votre vie quotidienne.

- **Geburah** : la rigueur, le grand équilibre, la justice. Méditez sur votre capacité à trancher et à décider, sur votre courage et votre volonté, sur l'équilibre qui vous régule.

Invocation

Respirez profondément, en inspirant lentement par le nez et en expirant doucement par la bouche. Lisez à voix haute le texte suivant et ensuite laissez-vous porter par les émanations de la Sephirah.

Par la puissance de la lumière qui est la tienne, je t'invoque, ô Geburah, force et justice. (Pause)

Accorde-moi le courage de trancher ce qui est nuisible, la volonté de persévérer dans le bien, l'équilibre de ne pas abuser de mon pouvoir. (Pause)

Que ta lumière illumine mon cœur et me guide vers la vérité. Qu'il en soit ainsi !

Méditation

Lisez à voix haute le texte suivant et ensuite laissez-vous porter par les émanations de la Sephirah.

Je suis ici, dans ce lieu intérieur sacré, prêt à explorer les profondeurs de ma propre puissance. Je me connecte à l'énergie de Geburah, la Sephirah de la force, du courage

41

et de la fermeté. Je suis prêt à accueillir et à intégrer ces qualités en moi. (Pause)

Je suis entouré d'une lumière rouge ardente, représentant la force et la passion qui résident en moi. Cette lumière irradie de mon être, illuminant chaque partie de mon corps et de mon esprit. Je sens cette énergie puissante circuler à travers mes veines, m'emplissant d'une confiance inébranlable. (Pause)

En me connectant à la Sephirah Geburah, je suis conscient de ma propre détermination et de ma capacité à surmonter les obstacles. Je reconnais la force de ma volonté et ma capacité à prendre des décisions courageuses. Je laisse cette énergie embraser mon être et je me sens de plus en plus aligné avec ma véritable essence. (Pause)

Je prends un moment pour réfléchir à toutes les situations dans ma vie où j'ai fait preuve de force et de courage. Je me rappelle les moments où j'ai surmonté des défis, où j'ai pris des risques et où j'ai osé sortir de ma zone de confort. Ces souvenirs renforcent ma confiance en moi et en mes capacités. (Pause)

Je ressens maintenant cette énergie de Geburah se répandre dans tout mon corps, m'insufflant une fermeté intérieure. Je me sens prêt à faire face à tout ce qui se *présente à moi, en puisant dans ma propre force intérieure.* (Pause)

Maintenant, je vais passer quelques instants dans le silence, en me connectant pleinement à cette énergie de Geburah, en écoutant attentivement les messages qui peuvent me parvenir. Je reste ouvert à toutes les images, voix, sensations physiologiques ou tout autre type d'informations qui peuvent se manifester pendant cette méditation. (Pause)

Prenez quelques minutes de silence pour recevoir les informations.

À présent, doucement, ramenez votre attention à votre respiration. Prenez quelques respirations profondes pour réintégrer votre corps et votre environnement. Lorsque vous vous sentez prêt, ouvrez les yeux.

Prenez un moment pour noter dans votre cahier toutes les informations qui vous sont parvenues pendant cette méditation. Écrivez vos images, les voix que vous avez entendues, les sensations physiologiques que vous avez ressenties ou toute autre expérience significative. Ces notes vous serviront de référence et de guide pour votre cheminement intérieur.

- **Tiphéreth** : la beauté, le fils, l'harmonie. Méditez sur votre capacité à créer et à exprimer, sur votre créativité et votre inspiration, sur l'esthétique qui vous embellit.

Invocation

Respirez profondément, en inspirant lentement par le nez et en expirant doucement par la bouche. Lisez à voix haute le texte suivant et ensuite laissez-vous porter par les émanations de la Sephirah.

Par la puissance de Tiphéreth, je me connecte à la source de ma créativité et de mon expression. (Pause)

Je demande à l'effluve de Tiphéreth de m'inspirer et de m'embellir par sa lumière. (Pause)

Je m'ouvre à la beauté du monde et à la joie de créer. Que Tiphéreth active en moi le rayonnement de mon être véritable. Qu'il en soit ainsi !

Méditation

Méditation pour éveiller les ressources de la Sephirah Tiphéreth.

Lisez à voix haute le texte suivant et ensuite laissez-vous porter par les émanations de la Sephirah.

Je suis ici, en ce moment présent, prêt à explorer les profondeurs de mon être et à réveiller les ressources de la

Sephirah Tiphéreth. Je prends conscience de mon souffle, de cette respiration qui nourrit mon corps et mon esprit. À chaque inspiration, je permets à l'énergie vitale de circuler librement à travers moi. À chaque expiration, je relâche toutes les tensions et les préoccupations qui peuvent m'entraver. (Pause)

Je suis en harmonie avec moi-même, en équilibre entre mes aspirations intérieures et le monde extérieur. Je suis entouré d'une lumière dorée qui rayonne de mon être, illuminant tout mon être de sa douce chaleur. Cette lumière représente la vitalité, la créativité et la confiance en moi. Je l'accueille avec gratitude et je me laisse imprégner par son énergie bienfaisante. (Pause)

En moi, je ressens une connexion profonde avec le pouvoir de la beauté et de l'amour. Je me permets de ressentir ces émotions au plus profond de mon être. L'amour que je porte à moi-même et aux autres se manifeste librement, sans aucune réserve. Je suis ouvert à la compassion, à l'acceptation et à la bienveillance envers moi-même et envers tous les êtres qui m'entourent. (Pause)

Alors que je suis enveloppé par cette lumière dorée, je me sens aligné avec mon véritable potentiel. Je reconnais ma propre valeur et ma capacité à réaliser mes aspirations les plus profondes. Je suis capable de manifester ma véritable nature dans le monde, d'exprimer ma créativité, ma générosité et ma confiance en moi. (Pause)

Maintenant, prenez quelques instants pour rester dans cet état de connexion avec la Sephirah Tiphéreth, en ressentant cette lumière dorée qui brille à l'intérieur de vous.

Lorsque vous êtes prêt à terminer cette méditation, commencez à ramener lentement votre attention à l'espace qui vous entoure. Prenez quelques respirations profondes et doucement ouvrez les yeux. Prenez un moment pour noter dans votre cahier les informations qui vous sont parvenues durant cette méditation. Ces informations peuvent prendre la forme d'images, de voix, de sensations physiologiques ou de tout autre ressenti qui a émergé pendant votre pratique.

Rappelez-vous que les ressources de la Sephirah Tiphéreth sont toujours présentes en vous, prêtes à être explorées et mises en action dans votre vie quotidienne.

- **<u>Netzach</u>** : la victoire, le charme, l'émotion. Méditez sur votre capacité à réussir et à rayonner, sur votre confiance et votre enthousiasme, sur le plaisir qui vous motive.

Invocation

Respirez profondément, en inspirant lentement par le nez et en expirant doucement par la bouche. Lisez à voix haute le texte suivant et ensuite laissez-vous porter par les émanations de la Sephirah.

Par la puissance de Netzach, je m'éveille à ma capacité à réussir et à rayonner. (Pause)

Par la lumière de Netzach, je renforce ma confiance et mon enthousiasme. (Pause)

Par le plaisir de Netzach, je nourris ma motivation et ma joie de vivre. (Pause)

Que Netzach m'inspire et me guide sur le chemin du succès ! Qu'il en soit ainsi !

Méditation

Lisez à voix haute le texte suivant et ensuite laissez-vous porter par les émanations de la Sephirah.

Je suis ici, dans cet espace intérieur sacré, pour éveiller les ressources de la Sephirah Netzach en moi. Je me connecte à l'énergie de Netzach, qui représente la victoire, la beauté et l'amour. (Pause)

Je suis une créature de pouvoir, capable de surmonter les obstacles qui se dressent sur mon chemin. Je suis fort et courageux. Je peux surmonter mes peurs et aller de l'avant avec confiance. (Pause)

Je me connecte à la beauté qui m'entoure, à la beauté de la nature, des paysages, des fleurs et des créatures vivantes. Je suis un véritable artiste de la vie, capable de créer de la beauté dans tout ce que je fais. (Pause)

Je suis un aimant d'amour et de compassion. J'irradie l'amour dans le monde qui m'entoure, envers les autres et envers moi-même. Je suis ouvert à recevoir l'amour et la joie qui m'entourent. (Pause)

Je suis en harmonie avec mon corps. Je ressens une vitalité et une énergie vibrantes. Chaque cellule de mon être est remplie de vitalité et de force. Je suis en pleine santé et je prends soin de moi-même de manière équilibrée. (Pause)

Je suis conscient de mon pouvoir intérieur, de ma capacité à manifester mes désirs et à réaliser mes rêves. Je suis le créateur de ma réalité et je suis aligné avec l'univers pour atteindre mes objectifs. (Pause)

Maintenant, restez dans cet état de calme et de tranquillité pendant quelques instants. Laissez-vous baigner dans l'énergie de Netzach et observez les ressentis qui émergent en vous.

Lorsque vous êtes prêt, ouvrez doucement les yeux et notez dans votre cahier les informations qui vous sont parvenues durant cette méditation. Prenez le temps de noter vos images, voix, sensations physiologiques ou tout autre élément qui a émergé. Ces informations peuvent être précieuses pour votre développement personnel et spirituel.

Revenez à cette méditation chaque fois que vous souhaitez vous connecter à l'énergie de Netzach et éveiller ses ressources en vous. Vous êtes une force puissante et vous pouvez manifester votre plein potentiel.

- **Hod** : la gloire, la splendeur, le raisonnement. Méditez sur votre capacité à communiquer et à transmettre, sur votre éloquence et votre logique, sur la clarté qui vous éclaire.

Invocation

Respirez profondément, en inspirant lentement par le nez et en expirant doucement par la bouche. Lisez à voix haute le texte suivant et ensuite laissez-vous porter par les émanations de la Sephirah.

Je t'invoque, Hod, pour que tu m'accordes ta grâce et ta gloire. (Pause)

Aide-moi à développer ma capacité à communiquer et à transmettre, à exprimer avec éloquence et logique ce que je pense et ce que je ressens. (Pause)

Donne-moi la clarté qui m'éclaire et qui éclaire les autres. Fais de moi un instrument de la vérité et de la beauté. Qu'il en soit ainsi !

Méditation

Lisez à voix haute le texte suivant et ensuite laissez-vous porter par les émanations de la Sephirah.

Je suis présent ici et maintenant, prêt à explorer les profondeurs de mon être à travers la Sephirah Hod. Je me connecte à la sagesse intérieure qui réside en moi, prêt à accueillir les connaissances et les vérités cachées. (Pause)

Je laisse les pensées superficielles s'apaiser, laissant place à un état de calme et de tranquillité. Je permets à mon esprit de devenir clair, ouvert et réceptif aux messages de la Sephirah Hod. (Pause)

Je suis entouré d'une lumière brillante et éclatante, qui me guide vers la connaissance et l'intelligence. Cette lumière pénètre mon être, éclairant les recoins les plus profonds de mon esprit. Je me sens connecté à la sagesse universelle qui réside en moi. (Pause)

Au fur et à mesure que je plonge plus profondément dans cette méditation, je sens que mon esprit s'élargit et s'ouvre à de nouvelles idées et à de nouvelles perspectives. Je ressens une clarté mentale qui dissipe les doutes et les incertitudes. (Pause)

Je suis en mesure de percevoir les mystères de l'univers et de dévoiler les vérités cachées. Je suis un canal d'information, capable de comprendre et d'interpréter les messages de la Sephirah Hod. (Pause)

Maintenant, je laisse place au silence intérieur, tout en restant réceptif à tout ce qui peut se présenter. Je me concentre sur ma respiration, inspirant et expirant profondément, permettant à mon esprit de se détendre davantage. (Pause)

Dans cet état de calme et de tranquillité, je laisse les informations de la Sephirah Hod émerger. Je suis ouvert à toutes les images, les voix, les sensations physiologiques qui peuvent se présenter à moi. (Pause)

Doucement, je reviens à l'instant présent, en prenant quelques instants pour me réaligner avec mon environnement. Je suis reconnaissant pour cette expérience de méditation et pour les connaissances qui ont été révélées. (Pause)

Noter les expériences dans votre cahier, en prenant soin de les enregistrer avec précision. Vous pouvez vous référer à ces informations plus tard, pour approfondir votre compréhension et votre connexion avec la Sephirah Hod.

- **Yesod** : le fondement, le rêve, l'imagination. Méditez sur votre capacité à imaginer et à projeter, sur votre mémoire et votre fantaisie, sur la magie qui vous transforme.

Invocation

Respirez profondément, en inspirant lentement par le nez et en expirant doucement par la bouche. Lisez à voix haute le texte suivant et ensuite laissez-vous porter par les émanations de la Sephirah.

Par le nom sacré de Yesod, je fais appel à la force créatrice qui réside en moi. (Pause)

Je m'ouvre par Yesod sur ma capacité à imaginer et à projeter, sur ma mémoire et ma créativité, sur la magie qui me transforme. (Pause)

Que le sephiroth Yesod illumine mon esprit et mon âme, et me guide vers la manifestation de mes aspirations. Qu'il en soit ainsi !

Méditation

Lisez à voix haute le texte suivant et ensuite laissez-vous porter par les émanations de la Sephirah.

Je suis ici, dans cet espace sacré de mon être, prêt à explorer les ressources profondes de la Sephirah Yesod. Je reconnais que Yesod est la sphère de l'imagination, des rêves, de l'intuition et des émotions. Je me connecte maintenant à cette puissante énergie. (Pause)

Je me vois maintenant baignée par la lumière douce du crépuscule. La nature majestueuse m'entoure, remplissant l'air de sa présence apaisante. Je ressens une connexion profonde avec la nature et avec mon moi intérieur. (Pause)

En respirant profondément, je permets à mon esprit de s'ouvrir à l'abondance de l'imagination et des rêves. Je ressens une vague de créativité qui m'envahit, comme si toutes les possibilités du monde se trouvaient devant moi. Je sais que je peux manifester mes désirs les plus profonds et réaliser mes aspirations. (Pause)

Alors que je me promène dans l'espace de Yesod, je remarque comme miroir scintillant devant moi. Je m'approche et je contemple la surface lisse. Je peux voir mon propre reflet dans ce miroir, symbole de mon intégrité intérieure. (Pause)

En regardant mon reflet, je me connecte à mon intuition la plus profonde. Je sens les réponses venir à moi, les idées se former et les vérités se révéler. Je sais que je peux faire confiance à cette guidance intérieure, car elle est une partie de moi-même et elle sait ce qui est vraiment important pour moi. (Pause)

Je me concentre sur mon centre émotionnel et je ressens une vague d'amour et de compassion se répandre en moi. Je me pardonne pour mes faiblesses et mes erreurs passées, et je choisis de cultiver l'amour envers moi-même et envers les autres. (Pause)

Je reste quelques instants pour accueillir les effluves de Yesod. (Pause)

Je suis maintenant prêt à terminer cette méditation. J'ouvre doucement les yeux et je prends quelques instants pour me réaligner avec le monde qui m'entoure. Je sais que les ressources de la Sephirah Yesod sont en moi et que je peux y accéder à tout moment.

Notez sur votre cahier les informations qui vous sont parvenues (images, voix, sensations physiologiques...) durant cette méditation. Prenez le temps de noter vos expériences et de les relire ultérieurement pour en tirer des enseignements et des inspirations.

- **Malkuth** : le royaume, la manifestation, la réalité. Méditez sur votre capacité à matérialiser et à concrétiser, sur votre corps et vos sens, sur la terre qui vous soutient.

Invocation

Respirez profondément, en inspirant lentement par le nez et en expirant doucement par la bouche. Lisez à voix haute le texte suivant et ensuite laissez-vous porter par les émanations de la Sephirah.

Par la puissance de Malkuth, la sphère de la royauté et de la manifestation, je me connecte à la terre qui me soutient et à mon corps qui est le temple de mon âme. (Pause)

Je reconnais ma capacité à matérialiser et à concrétiser mes projets et mes aspirations. Je m'ouvre à la richesse et à l'abondance de la création. Qu'il en soit ainsi !

Méditation

Lisez à voix haute le texte suivant et ensuite laissez-vous porter par les émanations de la Sephirah.

Je suis ici, enraciné dans le présent, connecté à la Terre-Mère et à l'énergie de Malkuth. Je ressens mon corps solide, stable, en harmonie avec l'univers qui m'entoure. Je suis le point de convergence entre le ciel et la terre, le lien sacré entre le spirituel et le matériel. (Pause)

Je sens mes pieds posés sur le sol, fermement ancrés dans la terre. Une chaleur douce et réconfortante remonte le long de mes jambes, nourrissant chaque cellule de mon être. Je permets à cette énergie de s'élever, de circuler librement dans tout mon corps. (Pause)

Mon attention se tourne vers mon centre, vers mon plexus solaire, le siège de ma volonté et de ma confiance. Je ressens cette zone se remplir d'une lumière dorée, irradiant la chaleur et la sécurité. Je me sens enraciné dans ma propre puissance, conscient de ma valeur et de ma capacité à manifester mes désirs dans le monde. (Pause)

Je suis relié à la Terre-Mère et à toutes les formes de vie qui m'entourent. Je ressens l'interconnexion de toutes choses, la toile invisible qui nous unit tous.

Je suis une partie précieuse de ce vaste écosystème, apportant ma contribution unique et essentielle. (Pause)

Alors que je m'imprègne de l'énergie de Malkuth, je me sens équilibré, centré et en harmonie avec le flux de la vie. Je me sens en paix avec moi-même et avec le monde qui m'entoure. (Pause)

Maintenant, prenez un moment pour vous imprégner de cette expérience. Laissez venir à vous toutes les informations qui vous sont parvenues pendant cette méditation. (Pause)

Après quelques instants, notez sur votre cahier toutes les images, les voix, les sensations physiologiques ou toute autre expérience qui vous semble pertinente.

Souvenez-vous que les invocations et les méditations sur les sephiroth sont personnelles et uniques, spécifiquement appropriées à vos besoins. Revenez-y chaque fois que vous souhaitez vous connecter aux sephiroth et éveiller leurs ressources en vous.

En aucun cas vous ne pouvez ou ne devez invoquer ou méditer sur l'arbre des sephiroth pour une autre personne. C'est une démarche qui est de la responsabilité de chaque individu.

Recueil des invocations des séphiroth de l'arbre de vie et des anges.

CHAPITRE 5
INVOQUER LES ANGES ET MÉDITER DESSUS

L'invocation et la médiation sont des pratiques spirituelles qui visent à entrer en contact avec les anges, les messagers de Dieu. Chaque ange est associé à une sephirah, une émanation divine qui représente un aspect de la réalité. En invoquant et en méditant sur chaque ange, on peut bénéficier de ses vertus et de ses influences. Voici une liste des avantages et des bienfaits de l'invocation et de la méditation sur chaque ange associé à chacune des sephirah :

- Kethér: l'ange Métatron est le plus proche de Dieu et le chef de tous les anges. Il nous aide à accéder à la sagesse supérieure, à la connaissance mystique et à la transcendance. Il nous inspire à nous rapprocher de notre source divine et à réaliser notre potentiel spirituel.

Invocation de Métatron

Prenez place dans votre oratoire, faites 7 respirations profondes et ensuite, lisez le texte suivant à voix haute en faisant une pause quand c'est indiqué.

Je t'invoque, ô archange Métraton, chef de tous les archanges et prince des anges. (Pause)

Tu es le plus grand et le plus puissant de tous, tu possèdes tous les pouvoirs et tu veilles sur les âmes des enfants.

Tu es l'ange suprême de la mort et du pardon, tu es le mesureur et l'assistant du trône divin. (Pause)

Je te demande de m'accorder ta protection, ta sagesse et ta lumière. Aide-moi à me libérer des énergies basses et à accéder à la compréhension céleste. Guide-moi dans mes désirs et dans ma mission de vie. Que ta volonté soit faite.

Méditation sur l'ange Métatron

Prenez place dans votre oratoire, faites 7 respirations profondes et ensuite, lisez le texte suivant à voix haute en faisant une pause quand c'est indiqué.

Je médite sur l'ange Métatron, le prince des archanges, le gardien du trône divin. Il est le messager de Dieu, celui qui transmet sa parole et sa volonté. Il est le maître de la création, celui qui donne forme à la matière et à la vie. Il est le guide de l'humanité, celui qui nous inspire et nous élève. (Pause)

Je me connecte à sa présence lumineuse et puissante. Je ressens son amour inconditionnel et sa sagesse infinie. Je lui demande de m'accorder sa protection et sa bénédiction. Je lui exprime ma gratitude et ma dévotion. (Pause)

Je me laisse imprégner par son énergie sacrée. Je vois son symbole, le cube de Métatron, se former devant moi. Il est composé de treize cercles reliés par des lignes géométriques. Il représente la structure de l'univers et la perfection divine. Il contient tous les codes de la création et de l'évolution. (Pause)

Je pénètre à l'intérieur du cube de Métatron. Je me sens enveloppé par une vibration harmonieuse et équilibrée. Je me sens aligné avec mon essence et ma mission. Je me sens connecté à tout ce qui est. (Pause)

Je reçois les messages de l'ange Métatron. Il me parle à travers mon intuition et mon cœur. Il me révèle les secrets de la création et de l'évolution. Il me montre les possibilités infinies de mon potentiel. Il m'encourage à réaliser mes rêves et à manifester ma réalité. (Pause)

Je remercie l'ange Métatron pour cette méditation. Je lui demande de rester avec moi et de m'accompagner dans mon chemin de vie. Je lui rends hommage et je lui dis au revoir. (Pause)

Fermez les yeux et restez quelques instants dans l'expectative, ensuite reprenez conscience de l'instant présent et notez sur votre cahier toutes les impressions que cette méditation a pu générer en vous.

- Chokmah : l'ange Raziel est le gardien des secrets de Dieu et le maître de la magie. Il nous révèle les mystères cachés de l'univers, les lois cosmiques et les principes ésotériques. Il nous aide à développer notre intuition, notre imagination et notre créativité.

Invocation de l'ange Raziel

Prenez place dans votre oratoire, faites 7 respirations profondes, lisez le texte suivant à voix haute en faisant une pause quand c'est indiqué.

J'invoque l'ange Raziel, le gardien des secrets de Dieu, le révélateur des mystères et de la sagesse divine. (Pause)

Raziel, toi qui te tiens près du trône de Dieu et qui écoute et écris tout ce qui est dit et discuté, viens à mon secours et fais-moi connaître les secrets que Dieu t'a confiés.

Raziel, toi qui as donné à Adam et Ève le livre de la connaissance après leur expulsion du jardin d'Éden, aide-moi à retrouver mon chemin vers la lumière et à mieux comprendre mon Créateur. Raziel, toi qui as transmis à Noé la sagesse pour construire l'arche et à Salomon la magie pour régner sur Israël, inspire-moi des idées nouvelles et novatrices pour résoudre mes problèmes et réaliser mes projets. (Pause)

Raziel, toi qui présides à l'intuition spirituelle, renforce ma clairvoyance et mon discernement. Aide-moi à prendre conscience de mes intuitions et à me conformer aux messages qu'ils me transmettent. (Pause)

Raziel, toi qui es associé aux couleurs de l'arc-en-ciel, entoure-moi de ta lumière multicolore et protège-moi des influences négatives. (Pause)

Raziel, je te remercie pour ton écoute et ton assistance. Que ta présence soit toujours avec moi et que ta bénédiction me soit accordée.

Fermez les yeux et restez quelques instants dans cette position, ensuite reprenez conscience de l'instant présent et notez sur votre cahier toutes les impressions que cette méditation a pu générer en vous

Méditation sur l'ange Raziel

Prenez place dans votre oratoire, faites 7 respirations profondes, lisez le texte suivant à voix haute en faisant une pause quand c'est indiqué.

Je médite sur l'ange Raziel, le gardien des secrets divins. Il me révèle les mystères de la création et de la destinée. (Pause)

Il m'enseigne la sagesse et la connaissance cachées dans les livres sacrés. Il m'aide à comprendre le sens de ma vie et à réaliser mon potentiel spirituel. (Pause)

Je me connecte à sa lumière bleue, qui illumine mon troisième œil. Je ressens sa présence bienveillante et protectrice. (Pause)

Je lui demande de m'ouvrir l'esprit et le cœur aux vérités supérieures. Je l'écoute attentivement et je reçois ses messages avec gratitude. (Pause)

Je le remercie pour sa guidance et son soutien. Je lui exprime ma confiance et mon amour. (Pause)

Je lui demande de m'accompagner dans mon chemin de croissance et d'évolution. Je lui offre ma dévotion et ma fidélité. (Pause)

Fermez les yeux et restez quelques instants dans l'expectative, ensuite reprenez conscience de l'instant présent et notez sur votre cahier toutes les impressions que cette méditation a pu générer en vous.

-Binah : l'ange Tzaphkiel est le prince de la compréhension et le régent de Saturne. Il nous aide à structurer notre pensée, à analyser les situations et à résoudre les problèmes. Il nous apporte la discipline, la patience et la persévérance.

Invocation de l'ange Tzaphkiel

Prenez place dans votre oratoire, faites 7 respirations profondes, lisez le texte suivant à voix haute en faisant une pause quand c'est indiqué.

J'invoque l'ange Tzaphkiel, le prince des trônes, le maître de la sagesse et de la connaissance divine. J'invoque ton nom Tzaphkiel. (Pause)

Je te demande de m'éclairer de ta lumière, de me protéger de tout mal, de me guider vers ma destinée. Je te remercie pour ton amour et ta justice. (Pause)

Je t'offre mon cœur et mon esprit, je t'ouvre ma conscience et ma mémoire. Je te prie de m'enseigner les secrets de la vie, de m'inspirer la créativité et la compréhension. (Pause)

Je ressens ta présence et ton énergie dans tout mon être. Je me sens en harmonie avec toi et avec l'univers. Je t'honore et je te loue. (Pause)

Fermez les yeux et restez quelques instants dans

l'expectative, ensuite reprenez conscience de l'instant présent et notez sur votre cahier toutes les impressions que cette méditation a pu générer en vous.

Méditation sur l'ange Tzaphkiel

Prenez place dans votre oratoire, faites 7 respirations profondes, lisez le texte suivant à voix haute en faisant une pause quand c'est indiqué.

Je médite sur l'ange Tzaphkiel, le prince de la contemplation et de la sagesse. Il est l'archange de la sephirah Binah, la compréhension divine. (Pause)

Il m'aide à développer mon intuition, ma clairvoyance et ma capacité à transcender les apparences. Il me guide vers la vérité et la lumière. (Pause)

Il me protège des illusions et des mensonges. Il me fait découvrir les mystères de la création et du temps. (Pause)

Je me connecte à sa présence en visualisant une sphère de couleur indigo qui entoure ma tête. Je ressens sa vibration qui pénètre mon esprit et mon cœur. (Pause)

Tzaphkiel, ange de la contemplation, je te remercie de m'éclairer sur le sens de ma vie. (Pause)

Aide-moi à comprendre les lois de l'univers et à les respecter. (Pause)

Inspire-moi des pensées justes et des actions nobles. (Pause)

Accorde-moi la sagesse et la connaissance. Fais de moi un instrument de ta volonté divine. (Pause)

Je reste en silence et j'écoute sa voix intérieure qui me répond. (Pause)

Je perçois ses messages qui me révèlent des secrets cachés. (Pause)

Je reçois ses bénédictions qui me remplissent de paix et de joie. (Pause)

Fermez les yeux et restez quelques instants dans cette position, ensuite reprenez conscience de l'instant présent et notez sur votre cahier toutes les impressions que cette méditation a pu générer en vous.

- Chesed: l'ange Zadkiel est le prince de la miséricorde et le régent de Jupiter. Il nous aide à manifester l'abondance, la prospérité et la réussite dans tous les domaines de notre vie. Il nous apporte la générosité, la bienveillance et la gratitude.

Invocation de l'ange Zadkiel

Prenez place dans votre oratoire, faites 7 respirations profondes, lisez le texte suivant à voix haute en faisant une pause quand c'est indiqué.

J'invoque l'ange Zadkiel, archange de la liberté, de la bienveillance et de la compassion. (Pause)

Toi qui es le saint patron de la miséricorde, aide-moi à pardonner et à me pardonner. (Pause)

Toi qui es lié à la sephirah Hésed, la quatrième sphère de l'arbre des Sephiroth, fais-moi bénéficier de la miséricorde divine et du pardon. (Pause)

Toi qui as empêché Abraham de sacrifier son fils Isaac, protège-moi de toute violence et de toute cruauté. (Pause)

Zadkiel, je te remercie de m'écouter et de m'accompagner. Je te demande de m'élever spirituellement, intellectuellement et socialement. (Pause)

Inspire-moi de nouvelles idées utiles, ouvre-moi de nouveaux chemins à découvrir, fais-moi rencontrer de nouvelles personnes bienveillantes. (Pause)

Aide-moi à briser les barrières mentales qui m'enferment et m'empêchent de m'épanouir. Remplis mon cœur de confiance et de calme. (Pause)

Zadkiel, je te loue pour ta force et ta chaleur. Je te prie de m'imprégner de ta flamme violette qui représente le pouvoir de transformation de la joie. (Pause)

Fais-moi ressentir ta présence et ton soutien dans les moments difficiles. Fais-moi voir les signes qui montrent que tu es là pour moi. (Pause)

Zadkiel, je t'aime et je te rends grâce pour tout ce que tu fais pour moi. (Pause)

Fermez les yeux et restez quelques instants dans cette position, ensuite reprenez conscience de l'instant présent et notez sur votre cahier toutes les impressions que cette méditation a pu générer en vous.

Méditation sur l'ange Zadkiel

Prenez place dans votre oratoire, faites 7 respirations profondes, lisez le texte suivant à voix haute en faisant une pause quand c'est indiqué.

Je médite sur l'ange Zadkiel, l'ange de la justice et du pardon. (Pause)

Il est le chef des dominations, les anges qui maintiennent l'ordre divin dans l'univers. (Pause)

Il est associé à la couleur violette, symbole de la transformation et de la purification. Il m'aide à me libérer de la culpabilité, du ressentiment et du jugement. (Pause)

Il m'enseigne à être juste envers moi-même et envers les autres. (Pause)

Il me soutient dans mes efforts de réparation et de réconciliation. (Pause)

Il me fait découvrir la joie du pardon, qui est un acte d'amour et de liberté. (Pause)

Je lui adresse ma prière : Zadkiel, ange de la justice et du pardon, je te remercie de m'accompagner dans ma méditation. Je te demande de m'aider à reconnaître mes erreurs, à demander pardon et à pardonner. (Pause)

Je te demande de m'aider à rétablir l'harmonie dans mes relations, à guérir les blessures du passé et à ouvrir mon cœur à l'amour. (Pause)

Je te demande de m'aider à être juste envers moi-même et envers les autres, à respecter le libre arbitre de chacun et à agir avec compassion. (Pause)

Je te demande de m'aider à me transformer et à me purifier, à me libérer des attachements négatifs et à accueillir la grâce divine. Qu'il en soit ainsi !

Je fais une pause et je ressens la présence de Zadkiel autour de moi. (Pause)

Je perçois sa lumière violette qui enveloppe mon être tout entier. (Pause)

Je sens sa douceur, sa sagesse et sa force qui me réconfortent et me guident. Je lui exprime ma gratitude et mon amour. (Pause)

Fermez les yeux et restez quelques instants dans l'expectative, ensuite reprenez conscience de l'instant présent et notez sur votre cahier toutes les impressions que cette méditation a pu générer en vous.

- **<u>Geburah</u>** : l'ange Kamael est le prince du jugement et le régent de Mars. Il nous aide à affronter les défis, à surmonter les obstacles et à vaincre nos ennemis. Il nous apporte le courage, la force et la justice.

Invocation de l'ange Kamael

Prenez place dans votre oratoire, faites 7 respirations profondes, lisez le texte suivant à voix haute en faisant une pause quand c'est indiqué.

J'invoque l'ange Kamael, le puissant archange de la justice et du courage. (Pause)

J'invoque sa lumière rose qui répare les cœurs brisés et apaise les peines. (Pause)

J'invoque son épée flamboyante qui repousse les démons et les énergies négatives. (Pause)

J'invoque sa sagesse qui me guide vers la réalité divine. (Pause)

Kamael, toi qui vois Dieu, fais-moi voir la beauté de son amour. Toi qui connais la volonté divine, aide-moi à accomplir ma mission. (Pause)

Toi qui protèges le chœur des puissances, renforce ma force intérieure. (Pause)

Kamael, je te remercie de ta présence et de ton assistance.

Je te demande de bénir ma vie, mes proches et mes relations. (Pause)

Je te confie mes peines et mes espoirs. Je t'offre mon cœur et mon âme. (Pause)

Kamael, je te salue et je te loue. Qu'il en soit ainsi !

Fermez les yeux et restez quelques instants dans l'expectative, ensuite reprenez conscience de l'instant présent et notez sur votre cahier toutes les impressions que cette méditation a pu générer en vous.

Méditation sur l'ange Kamael

Prenez place dans votre oratoire, faites 7 respirations profondes, lisez le texte suivant à voix haute en faisant une pause quand c'est indiqué.

Je médite sur l'ange Kamael, l'ange de la justice et du courage. Il est le chef de l'ordre des Séraphins, les plus proches du trône divin. Il porte une épée flamboyante qui tranche le mal et rétablit l'équilibre. (Pause)

Il me protège des ennemis et des dangers, il me donne la force de surmonter les épreuves et les tentations. (Pause)

Il m'inspire à être honnête, loyal et intègre. Il m'aide à respecter les lois et les principes, à défendre mes droits et ceux des autres. (Pause)

Il me guide vers la vérité et la sagesse, il m'éclaire sur mes choix et mes actions. Il me fait découvrir la beauté et la noblesse de mon âme, il m'élève vers la lumière et l'amour. (Pause)

Je remercie l'ange Kamael pour sa présence et son soutien. Je lui demande de continuer à veiller sur moi et sur ceux que j'aime. (Pause)

Je lui offre ma gratitude et ma confiance. Je lui exprime mon admiration et mon respect. Je lui ouvre mon cœur et mon esprit. (Pause)

Fermez les yeux et restez quelques instants dans cet état méditatif, ensuite reprenez conscience de l'instant présent et notez sur votre cahier toutes les impressions que cette méditation a pu générer en vous.

- Tiphéreth : l'ange Raphaël est le prince de la guérison et le régent du Soleil. Il nous aide à restaurer notre équilibre physique, mental, émotionnel et spirituel. Il nous apporte la santé, la vitalité et la joie.

Invocation de l'ange Raphaël

Prenez place dans votre oratoire, faites 7 respirations profondes, lisez le texte suivant à voix haute en faisant une pause quand c'est indiqué.

J'invoque l'ange Raphaël, le médecin de Dieu, le guide des voyageurs, le consolateur des malheureux et le refuge des pécheurs. (Pause)

J'invoque sa lumière verte, symbole de la guérison, de l'équilibre et de l'harmonie. J'invoque son énergie angélique, capable de soulager toute souffrance physique ou spirituelle. (Pause)

Archange Raphaël, je vous demande humblement de venir à mon secours. Vous qui avez guéri les yeux de Tobie, donnez à mes yeux la lumière physique et à mon âme la lumière spirituelle. Éloignez de moi toutes les ténèbres par vos célestes supplications. Ainsi soit-il. (Pause)

Bienheureux archange Raphaël, je vous remercie pour votre présence bienveillante et votre assistance divine.

Je vous confie mes besoins et mes peines, mes joies et mes espérances. Je vous prie de m'accorder une angélique pureté afin de mériter ainsi d'être le temple vivant du Saint-Esprit. Ainsi soit-il. (Pause)

Saint archange Raphaël, je vous loue pour votre fidélité et votre obéissance à Dieu. Je vous glorifie pour votre amour et votre compassion envers les créatures humaines. Je vous supplie de m'accompagner dans mon chemin de vie, de me protéger des dangers et des tentations, de me guider vers la vérité et la paix. Qu'il en soit ainsi.

Fermez les yeux et restez quelques instants dans cet état méditatif, ensuite reprenez conscience de l'instant présent et notez sur votre cahier toutes les impressions que cette méditation a pu générer en vous.

Méditation sur l'archange Raphaël

Prenez place dans votre oratoire, faites 7 respirations profondes, lisez le texte suivant à voix haute en faisant une pause quand c'est indiqué.

Je médite sur l'ange Raphaël, le guérisseur divin. Il est l'un des quatre archanges qui se tiennent devant le trône de Dieu. (Pause)

Il est le patron des médecins, des voyageurs et des chercheurs de vérité. Il porte une robe verte et une trompette d'or. Il tient un bâton de caducée avec un serpent enroulé autour. Il a des ailes blanches et un visage souriant. (Pause)

Je lui demande de m'accompagner dans mon voyage intérieur, de me guider vers la source de ma santé et de ma sagesse. (Pause)

Je lui demande de m'aider à guérir mes blessures physiques, émotionnelles et spirituelles. (Pause)

Je lui demande de m'inspirer à chercher la vérité avec courage et humilité. Je lui demande de me protéger des dangers et des illusions. (Pause)

Je ressens sa présence bienveillante à mes côtés. Je sens sa lumière verte envahir mon corps et mon esprit. (Pause)

Je sens sa trompette sonner dans mon cœur et réveiller ma foi. (Pause)

Je sens son bâton activer mon énergie vitale et harmoniser mes fonctions vitales. Je sens son sourire apaiser mes peurs et mes doutes. (Pause)

Je le remercie pour son assistance et sa compassion. Je lui exprime ma gratitude et mon amour. Je lui promets de suivre son exemple et de servir la volonté divine. (Pause)

Fermez les yeux et restez quelques instants dans

l'expectative, ensuite reprenez conscience de l'instant présent et notez sur votre cahier toutes les impressions que cette méditation a pu générer en vous.

- Netzach : l'ange Haniel est le prince de la grâce et le régent de Vénus. Il nous aide à exprimer notre beauté intérieure, notre charme et notre harmonie. Il nous apporte l'amour, la paix et la créativité.

Invocation de l'ange Haniel

Pour invoquer l'Archange Haniel, je me prépare à entrer en contact avec sa grâce et sa joie divine. Je prends place dans mon oratoire, un lieu calme et sacré où je me sens en harmonie avec le ciel. Je fais sept respirations profondes, en me concentrant sur mon souffle et sur mon cœur. Je lis le texte suivant à voix haute, en faisant une pause quand c'est indiqué :

Archange Haniel, je t'invoque au nom du Dieu tout-puissant, créateur de l'univers et de la vie. Je te remercie pour ta présence bienveillante et ton soutien constant. (Pause)

Je te demande de m'aider à trouver la joie et la beauté dans chaque instant, à apprécier les dons de la nature et de l'amour, à ouvrir mon âme à la lumière et à la paix. (Pause)

Archange Haniel, je te prie de m'accorder ta grâce et ta bonté, de m'inspirer la sagesse et la compassion, de me guider vers ma mission et mon bonheur. (Pause)

Archange Haniel, je te confie mes intentions et mes besoins, je te confie mes rêves et mes espoirs, je te confie mes peurs et mes doutes. (Pause)

Archange Haniel, je t'offre ma gratitude et ma fidélité, je t'offre ma confiance et ma dévotion, je t'offre mon cœur et ma vie. (Pause)

Je reste en silence quelques instants, en accueillant les signes et les messages de l'ange Haniel. Je ressens sa présence douce et réconfortante, sa vibration élevée et harmonieuse, sa couleur rose et dorée. Je lui exprime mon amour et ma reconnaissance, puis je termine mon invocation en disant : Merci ange Haniel pour ton écoute et ton intervention. Merci de rester à mes côtés et de me protéger. Merci de m'accompagner sur mon chemin spirituel et terrestre. Que ta grâce et ta joie soient toujours avec moi. Qu'il en soit ainsi

Fermez les yeux et restez quelques instants dans l'expectative, ensuite reprenez conscience de l'instant présent et notez sur votre cahier toutes les impressions que cette méditation a pu générer en vous.

Méditation sur l'ange Haniel

Prenez place dans votre oratoire, faites 7 respirations profondes, lisez le texte suivant à voix haute en faisant une pause quand c'est indiqué.

Je médite sur l'ange Haniel, le prince de la grâce divine. Il est l'ange de la joie, de l'amour et de la beauté. Il m'aide à développer mon intuition, ma sensibilité et ma créativité. (Pause)

Il me guide vers la connaissance de moi-même et des autres. Il me protège des influences négatives et me donne la force de pardonner. (Pause)

Je me connecte à sa lumière rose, symbole de son rayon d'amour inconditionnel. Je ressens sa présence douce et bienveillante dans mon cœur. (Pause)

Je lui adresse ma gratitude pour tout ce qu'il fait pour moi. Je lui demande de m'inspirer, de m'éclairer et de m'accompagner dans mes projets. Je lui confie mes peines, mes doutes et mes espoirs. (Pause)

Je me laisse imprégner par sa grâce, qui me remplit de joie et de sérénité. Je me sens aimé(e), accepté(e) et valorisé(e). (Pause)

Je reconnais ma beauté intérieure et extérieure. Je rayonne de sa lumière dans le monde. Je partage son amour avec tous ceux que je rencontre. (Pause)

Fermez les yeux et restez quelques instants dans l'expectative, ensuite reprenez conscience de l'instant présent et notez sur votre cahier toutes les impressions que cette méditation a pu générer en vous.

- Hod : l'ange Michael est le prince de la splendeur et le régent de Mercure. Il nous aide à communiquer efficacement, à apprendre facilement et à transmettre notre savoir. Il nous apporte l'intelligence, la clarté et la vérité.

Invocation de l'ange Michael

Prenez place dans votre oratoire, faites 7 respirations profondes, lisez le texte suivant à voix haute en faisant une pause quand c'est indiqué.

J'invoque l'ange Michael, le chef des armées célestes, le protecteur de l'humanité, le vainqueur du mal. (Pause)

J'invoque ta présence lumineuse, ta force et ton courage, ta justice et ta vérité. (Pause)

J'invoque ton épée flamboyante, ton armure brillante, ton bouclier impénétrable. (Pause)

J'invoque ton aide et ta protection dans les moments difficiles, dans les épreuves et les tentations, dans les dangers et les peurs. (Pause)

J'invoque ton soutien et ton inspiration sur mon chemin de vie divine, sur ma mission et ma vocation, sur mes choix et mes actions. (Pause)

J'invoque ta bénédiction et ta grâce pour réaliser mes

vœux les plus purs, pour accéder à la paix et à la joie, pour me rapprocher de Dieu. (Pause)

Merci, ange Michael, de m'assister aujourd'hui et toujours. Merci de m'envelopper de ta puissante lumière bleue. Merci de veiller sur moi et sur ceux que j'aime. Qu'il en soit ainsi.

Fermez les yeux et restez quelques instants dans l'expectative, ensuite reprenez conscience de l'instant présent et notez sur votre cahier toutes les impressions que cette méditation a pu générer en vous.

Méditation sur l'ange Michael

Prenez place dans votre oratoire, faites 7 respirations profondes, lisez le texte suivant à voix haute en faisant une pause quand c'est indiqué.

Je médite sur l'ange Michael, le prince des anges, le protecteur de l'humanité. Je me connecte à sa lumière bleue, symbole de sa force et de sa volonté. (Pause)

Je ressens sa présence à mes côtés, comme un bouclier qui me protège du mal. (Pause)

Je lui demande de m'aider à surmonter mes peurs, mes doutes, mes faiblesses. (Pause)

Je lui demande de m'inspirer le courage, la confiance, la

détermination. (Pause)

Je lui demande de m'accompagner dans mes projets, mes défis, mes combats. (Pause)

Je lui exprime ma gratitude pour son soutien, son assistance, son amour. (Pause)

Je médite sur l'ange Michael, le messager de Dieu, le porteur de la vérité. Je me connecte à sa lumière blanche, symbole de sa pureté et de sa sagesse. (Pause)

Je ressens sa voix dans mon cœur, comme une guidance qui m'éclaire sur ma mission. (Pause)

Je lui demande de m'aider à discerner le bien du mal, le vrai du faux, le juste de l'injuste. (Pause)

Je lui demande de m'inspirer la foi, la connaissance, la compréhension. (Pause)

Je lui demande de m'accompagner dans mes choix, mes actions, mes paroles. (Pause)

Je lui exprime ma gratitude pour son enseignement, son conseil, son exemple. (Pause)

Je médite sur l'ange Michael, le chef des armées célestes, le vainqueur du dragon. Je me connecte à sa lumière rouge, symbole de sa puissance et de sa victoire. (Pause)

Je ressens sa force dans mon corps, comme une énergie qui me dynamise et me régénère. (Pause)

Je lui demande de m'aider à affronter les ennemis, les obstacles, les épreuves. (Pause)

Je lui demande de m'inspirer la vaillance, la résistance, la persévérance. (Pause)

Je lui demande de m'accompagner dans mes luttes, mes efforts, mes succès. (Pause)

Je lui exprime ma gratitude pour sa protection, son intervention, son triomphe. (Pause)

Fermez les yeux et restez quelques instants dans l'expectative. Ensuite reprenez conscience de l'instant présent et notez sur votre cahier toutes les impressions que cette méditation a pu générer en vous.

- Yesod : l'ange Gabriel est le prince des rêves et le régent de la Lune. Il nous aide à explorer notre subconscient, à développer notre intuition et à réaliser nos désirs. Il nous apporte l'imagination, l'émotion et la sensibilité.

Invocation de l'ange Gabriel

Prenez place dans votre oratoire, faites 7 respirations profondes, lisez le texte suivant à voix haute en faisant une pause quand c'est indiqué.

J'invoque l'ange Gabriel, le messager de Dieu et le gardien de la communication. (Pause)

Je vous demande de m'aider à exprimer ma vérité avec clarté et confiance. (Pause)

Je vous demande de m'inspirer des mots justes et bienveillants pour communiquer avec les autres. (Pause)

Je vous demande de m'éclairer sur la volonté divine pour ma vie et de me révéler les messages importants que je dois entendre. (Pause)

Ange Gabriel, vous qui avez annoncé à Marie qu'elle allait être la mère du Fils de Dieu, vous qui avez guidé les prophètes et les voyants, vous qui avez protégé les enfants et les parents, je vous remercie pour votre présence et votre assistance. (Pause)

Je vous prie de me faire bénéficier de votre sagesse et de votre force. Je vous prie de me faire sentir votre amour et votre paix. (Pause)

Ange Gabriel, je vous remercie pour tous les bienfaits que vous m'accordez. (Pause)

Fermez les yeux et restez quelques instants dans l'expectative. Ensuite reprenez conscience de l'instant présent et notez sur votre cahier toutes les impressions que cette méditation a pu générer en vous.

- **Malkuth** : l'ange Sandalphon est le frère de Métatron et le messager de Dieu. Il nous aide à matérialiser nos intentions, à concrétiser nos projets et à ancrer notre énergie. Il nous apporte la stabilité, la sécurité et la protection.

Invocation de l'ange Sandalphon

Pour invoquer l'ange Sandalphon, prenez place dans votre oratoire, faites 7 respirations profondes, lisez le texte suivant à voix haute en faisant une pause quand c'est indiqué :

J'invoque l'ange Sandalphon, le messager divin, le gardien du zodiaque, le pont entre le ciel et la terre. J'invoque ta présence, ta protection, ta sagesse et ta guérison. J'invoque ton énergie jaune et or, qui illumine mon esprit et mon cœur. J'invoque ta musique céleste, qui apaise mon âme et me connecte à la source. (Pause)

J'invoque l'ange Sandalphon, le frère de Métatron, le transformateur d'Élie, la sephirah de Malkhut. J'invoque ton aide, ton soutien, ton inspiration et ton orientation. J'invoque ta plume blanche, qui symbolise ton pouvoir et ta pureté. J'invoque ton arc-en-ciel, qui représente ta foi et ta guérison. (Pause)

J'invoque l'ange Sandalphon, le maître du chant céleste, le rassembleur des prières, l'exécuteur des intentions.

J'invoque ton écoute, ton intercession, ton exaucement et ton accomplissement. J'invoque ton numéro 11, qui signifie ton alignement et ton harmonie. J'invoque ta date du 21 novembre, qui marque ton anniversaire et ton influence. (Pause)

Merci, ange Sandalphon, d'être avec moi, de me guider, de me soigner et de me bénir. Merci de transmettre mes prières à Dieu et de m'apporter ses réponses. Merci de m'aider à trouver ma voie spirituelle et à réaliser ma mission divine.

Fermez les yeux et restez quelques instants dans l'expectative. Ensuite reprenez conscience de l'instant présent et notez sur votre cahier toutes les impressions que cette méditation a pu générer en vous.

Méditation sur l'ange Sandalphon

Prenez place dans votre oratoire, faites 7 respirations profondes, lisez le texte suivant à voix haute en faisant une pause quand c'est indiqué.

Je médite sur l'ange Sandalphon, le messager divin qui relie le ciel et la terre. Il est l'ange de la musique, de la prière et de la paix. Il m'aide à exprimer ma gratitude, mes besoins et mes désirs à Dieu. Il m'inspire à créer de l'harmonie dans ma vie et dans le monde. (Pause)

Je me connecte à sa présence en écoutant le son de ma respiration, le battement de mon cœur, le chant des oiseaux. Je sens sa vibration dans chaque cellule de mon corps, dans chaque fibre de mon être. (Pause)

Je lui confie mes pensées, mes émotions, mes rêves. Je lui demande de les transmettre au Créateur avec amour et fidélité. (Pause)

Je reçois sa bénédiction en ressentant sa douceur, sa chaleur, sa lumière. Il me réconforte, me protège, me guide. (Pause)

Il me fait cadeau de sa sagesse, de sa joie, de sa beauté. Il m'invite à partager son message de paix avec tous ceux que je rencontre. (Pause)

Je le remercie pour son soutien, son écoute, son intercession. Je lui exprime ma reconnaissance, mon admiration, mon dévouement. (Pause)

Je lui offre ma voix, mon cœur, mon âme. Je lui chante un hymne de louange, de gratitude, d'amour. (Pause)

Fermez les yeux et restez quelques instants dans l'expectative, ensuite reprenez conscience de l'instant présent et notez sur votre cahier toutes les impressions que cette méditation a pu générer en vous.

Recueil des invocations des séphiroth de l'arbre de vie et des anges.

Chapitre 6

Quelles énergies voulez-vous activer en vous, quelles capacités voulez-vous développer ?

Page 28 et 62: *Invoquez et méditez sur votre origine divine, sur le lien qui vous unit à la source de toute chose, sur la transcendance de votre être.*

Pages 31 et 65 : *Invoquez et méditez sur votre capacité à agir dans le monde, sur votre intelligence et votre discernement, sur la force qui vous anime.*

Pages 35 et 69 : *Invoquez et méditez sur votre capacité à comprendre et à analyser, sur votre intuition et votre sensibilité, sur la structure qui vous organise.*

Pages 38 et 72 : *Invoquez et méditez sur votre capacité à donner et à recevoir, sur votre générosité et votre compassion, sur la bienveillance qui vous guide.*

Pages 41 et 76 : *Invoquez et méditez sur votre capacité à trancher et à décider, sur votre courage et votre volonté, sur l'équilibre qui vous régule.*

Page 45 et 79 : *Invoquez et méditez sur votre capacité à créer et à exprimer, sur votre créativité et votre inspiration, sur l'esthétique qui vous embellit.*

Page 47 et 83 : *Invoquez et méditez sur votre capacité à réussir et à rayonner, sur votre confiance et votre enthousiasme, sur le plaisir qui vous motive.*

Page 50 et 93 : *Invoquez et méditez sur votre capacité à communiquer et à transmettre, sur votre éloquence et votre logique, sur la clarté qui vous éclaire.*

Page 56 et 87 : *Invoquez et méditez sur votre capacité à matérialiser et à concrétiser, sur votre corps et vos sens, sur la terre qui vous soutient.*

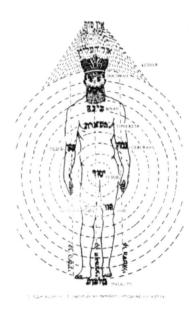

Recueil des invocations des séphiroth de l'arbre de vie et des anges.

Printed in France by Amazon
Brétigny-sur-Orge, FR

20634125R00060